Claudia Hohloch

Schildi Schildkröte konzentriert sich

Die besten Übungen aus Yoga und Kinesiologie für mehr Konzentration

Bildnachweis

Layoutelemente:
Freepik.de/visnezh

Impressum

ISBN: 978-3-96046-119-7

Schildi Schildkröte konzentriert sich
Die besten Übungen aus Yoga und Kinesiologie für mehr Konzentration

Klett Kita GmbH
Rotebühlstr. 77
70178 Stuttgart
Internet: www.klett-kita.de

Redaktion	Myriam Bork
Redaktionelle Mitarbeit	Nicole Woratz
Autorin	Claudia Hohloch
Fotografie	Nicole Schielberg
Illustration	Alexandra Junge
Gestaltung und Satz	DOPPELPUNKT, Stuttgart
Druck	Paper & Tinta, Nadma

Kontakt
Telefon: 07 11 / 66 72 58 00
Telefax: 07 11 / 66 72 58 22
kundenservice@klett-kita.de

Gedruckt auf chlorfrei gebleichtem Papier.

Bibliografische Information der Deutschen Nationalbibliothek. Die Deutsche Nationalbibliothek verzeichnet diese Publikation in der Deutschen Nationalbibliografie. Detaillierte bibliografische Daten sind im Internet über http://dnb.d-nb.de abrufbar.

Inhalt

Ein paar Worte vorab 4
Steckbrief von Schildi Schildkröte 5

Einführung: Mit Yoga und Kinesiologie die Konzentration fördern 6

Übungsteil: Haltungen aus Yoga und Kinesiologie 9
Yoga und Kinesiologie – Tipps für eine Bewegungseinheit 10
Yoga: *Baum* 11
Yoga: *Held* 12
Yoga: *Katze und Kuh* 13
Yoga: *Katze und Kuh – Überkreuz* 14
Yoga: *Katze – Flankendehnung* 15
Yoga: *Katze – Balance* 16
Yoga: *Stuhl* 17
Yoga: *Tänzer* 18
Kinesiologie: *Anschaltpunkt* 19
Kinesiologie: *Arme brezeln* 20
Kinesiologie: *Hand und Faust* 21
Kinesiologie: *Liegende Acht* 22
Kinesiologie: *Nackenrolle* 23
Kinesiologie: *Ohren auffalten* 24
Kinesiologie: *Synchronzeichnen* 25
Kinesiologie: *Überkreuz* 26
Bewegungsablauf: *Schildi grüßt die Sonne* 27

Gedichte, Lieder und Geschichten zum Mitmachen 31
Mitmachideen mit Schildi Schildkröte 32
Mitmachgedicht: *Müdigkeit ade!* 33
Mitmachgedicht: *Rappel, Zappel* 34
Mitmachgedicht: *Der Flamingo* 35
Mitmachgedicht: *Chaos im Kopf* 36
Mitmachgedicht: *Ruckzuck-Entspannung* 37
Mitmachgedicht: *Verrückte Zahlenwelt* 38
Mitmachgedicht: *Den Worten lausch ich gern* 39
Mitmachgedicht: *Brezeln backen* 40
Mitmachgedicht: *Wortsalat* 41
Mitmachgedicht: *So mal ich gern!* 42
Mitmachgedicht: *Die Kirchturmuhr in unserer Stadt* 43
Mitmachgedicht: *Im Traum bin ich ein Superheld* 44
Mitmachgedicht: *Die Schiffsfahrt* 45
Mitmachgedicht: *Planetenhüpfer* 46
Mitmachgedicht: *Der Sonnenaufgang* 47
Mitmachgedicht: *Die Schneeballschlacht* 48
Mitmachgedicht: *Bäumlein wachs!* 49
Mitmachgedicht: *Meine Schlangenarme* 50
Mitmachgedicht: *Munter in den Tag starten* 51
Mitmachgedicht: *Vor und zurück* 52
Mitmachgedicht: *Das Abendritual* 53
Mitmachgedicht: *Auf dem Spielplatz* 54
Mitmachgedicht: *Zu Beginn und zwischendrin* 55
Mitmachgedicht: *Kerzenschein* 56
Mitmachgedicht: *Detektiv spielen* 57
Mitmachgedicht: *Schlaraffenland-Insel-Hopser* 58
Mitmachgedicht: *Gleich und gleich gesellt sich gern* 59
Mitmachgedicht: *Blätter im Wind* 60
Mitmachgedicht: *Mensch, wie war das noch?* 61
Mitmachlied: *Bim, bam, bum, Schildi lauf herum* 62
Mitmachlied: *Schildi Schildkröt, tanz mit mir!* 63
Mitmachgeschichte: *Zu Besuch im Aquarium* 64
Mitmachgeschichte: *Ich bau mir ein Haus!* 65
Mitmachgeschichte: *Blumengeschichten* 66
Mitmachgeschichte: *Zieh dich warm an!* 67
Mitmachgeschichte: *Am See* 68
Mitmachgeschichte: *Das kleine Rotkehlchen baut ein Nest* 69
Mitmachgeschichte: *Im Schnee ist vieles leiser!* 70

Kopiervorlagen 71

Über die Autorin 79

Ein paar Worte vorab

Liebe Leserinnen und Leser,

als Lerntherapeutin und Entspannungstrainerin liegt mir die Entwicklung unserer Kinder sehr am Herzen. Besonders in der Praxis mit jüngeren Kindern konnte ich feststellen, dass unsere Jüngsten sehr neugierig und lernfreudig an neue Themen herangehen.
Doch lassen sie sich auch gern ablenken und die Konzentrationsdauer ist recht kurz. Durch den kindlichen Bewegungsdrang kann dann schnell Unruhe entstehen.

Aufgrund dieser Erfahrung habe ich begonnen, alle Angebote für Kindergartenkinder mit Bewegung zu verknüpfen. Außerdem habe ich eine kleine Stoffpuppe als Begleitung eingeführt: Schildi Schildkröte, die Entspannungsexpertin. Die kleine Schildkröte weckt Interesse bei den Kindern und lädt sie ein, in neue Welten einzutauchen.

Die Geschichten, Kreativideen, Mitmachreime und Entspannungsideen aus meiner Praxis sind in dieses Buch geflossen. Durch die abwechslungsreichen Konzepte – unterstützt durch Bewegungselemente aus Yoga und Kinesiologie und Schildi Schildkröte als Freundin für die Kinder – ist eine Reihe entstanden, die allen Mädchen und Jungen Freude am spielerischen und kindgerechten Lernen vermittelt. Die Kinder werden individuell abgeholt und die Themen mithilfe der Stoffschildkröte *be*-greifbar gemacht!

Ich wünsche Ihnen und Ihren Kindern viel Spaß mit Schildi Schildkröte.

Herzlichst, Ihre
Claudia Hohloch

Steckbrief von Schildi Schildkröte

Name	Schildi Schildkröte
Rasse	Relaxis Testudines (Entspannungsschildkröte)
Alter	80 Jahre (was sehr jung ist, da Entspannungsschildkröten mindestens 799 Jahre alt werden – bei entspannter Lebensführung)
Aussehen	grüner Schildkrötenkörper, schwarze Augen, gemusterter Panzer, etwas längere Arme und Beine als eine normale Schildkröte, so dass die Entspannungsschildkröte gut Yoga machen kann
Ernährung	mag am liebsten Obst und Gemüse und frischen Salat
Hobby	alles, was mit Entspannung zu tun hat
Besonderes	hat schon viel erlebt und gibt ihre Tipps oder Lerninhalte gern in gereimter Form weiter

Einführung

Mit Yoga und Kinesiologie die Konzentration fördern

Mit *Konzentration* wird ein Zustand des Bündelns und Aufrechterhaltens von Aufmerksamkeit über einen längeren Zeitabschnitt beschrieben, der geistige Anstrengung erfordert und mit der Zeit nachlässt.
Gerade bei der geistigen Entwicklung unserer Kinder ist es wichtig, dass sie sich über einen längeren Zeitraum auf eine Sache oder eine Tätigkeit konzentrieren können. Die Konzentrationsspanne variiert dabei je nach Alter oder Veranlagung. Während bei den ganz Kleinen das Interesse schneller an einer Sache schwindet, schenken größere Kinder einer Tätigkeit oft schon längere Zeit ihre Aufmerksamkeit.

Neben dem Alter können auch äußere Umstände Einfluss auf die Konzentrationsfähigkeit des Kindes nehmen. In einer harmonischen, entspannten Umgebung und mit ausreichend Bewegung kann ein Kind viel leichter an ein neues Thema und neue Herausforderungen herangehen und diese gut meistern. Ein Kind mit familiärem Stress, ungesunder Ernährung und zu wenig Bewegung, tut sich in der gleichen Lernsituation oft sehr viel schwerer. Kinder, die überschüssige Energie abbauen (z. B. in Bewegungsspielen, auf dem Spielplatz oder im Garten) können sich besser auf eine Aufgabe konzentrieren. Durch Bewegung und Entspannung unterstützen Sie die Kinder bei ihrer gesunden Entwicklung und schaffen so die besten Lernvoraussetzungen. Mit Bewegungseinheiten aus Yoga und Kinesiologie können Sie hier noch zusätzlich Gutes bewirken.

Entspannte Kinder lernen leichter

Stress und Hektik, mangelnde Bewegung oder auch ungesunde Ernährung können unseren Kindern zusetzen. Durch den steigenden Leistungsdruck können außerdem Ängste und Lernblockaden entstehen, die sich auf ihre Konzentrationsfähigkeit auswirken.

Dieses (oft vermeidbare) Defizit kann durch bewegungsorientierte Entspannung und Konzentrationsförderung gelöst werden. Ziel der Entspannung durch Bewegung ist es, den Kindern die Themen *Entspannung, Bewegung, Körperwahrnehmung* und *Achtsamkeit* näherzubringen, um sie für die Herausforderungen des schnelllebigen Alltags – innerlich wie äußerlich – zu stärken.

Bewegung – das wissen wir aus zahlreichen Studien – beeinflusst positiv sowohl das körperliche und seelische Wohlbefinden als auch das Denken, die Konzentration und somit auch die Fähigkeit zu lernen. Kinder lernen durch Bewegung, sie *be*-greifen ihre Umgebung, nehmen sie über ihren Körper wahr und erobern so die Welt. Außerdem können sie dadurch Spannungen und überschüssige Energien abbauen und so den Weg frei machen für die neuen Themen und Herausforderungen ihres Alltags.

Wenden Sie bewegungsorientierte Entspannung vorbeugend an, entstehen Blockaden, Aggressionen, Konzentrationsprobleme und sogenannte Verhaltensauffälligkeiten erst gar nicht. Die motorischen Fähigkeiten werden trainiert, die Konzentration wird gefördert und das Selbstbewusstsein wird erheblich gestärkt.

Konzentration fördern mit Yoga und Kinesiologie

In diesem Buch finden Sie daher zahlreiche Übungen aus Yoga und Kinesiologie, die die Kinder durch sanfte Bewegungen entspannen und in die Ruhe führen sollen.
Yoga baut Spannungen ab, hilft den Mädchen und Jungen, sich selbst bewusst wahrzunehmen, und stärkt Körper und Geist. Die Kinesiologie ist eine ganzheitliche Heilmethode, die Lernblockaden durch Bewegung löst und es Kindern jeden Alters ermöglicht, unbeschwert (Lern-)Erfahrungen zu machen, Talente zu entdecken und Fähigkeiten zu verbessern.

Alle ausgewählten Übungen sind speziell auf die Förderung der Konzentration abgestimmt: So fließen besonders viele Überkreuzbewegungen mit ein, da diese die rechte und die linke Gehirnhälfte verknüpfen und so das Gehirnpotenzial optimal genutzt werden kann. Die Haltungen aus Yoga und Kinesiologie wirken sich auch positiv auf die auditive Wahrnehmung und die Konzentrationsfähigkeit allgemein aus. Außerdem finden sich noch Übungskombinationen, die bestimmte Lernbereiche gezielt unterstützen können (z. B. Leseverständnis, Zahlenverständnis etc.).

Schildi Schildkröte – die Entspannungsschildkröte

Sich auf die Ruhe einzulassen, kann ganz schön schwierig sein. An einem turbulenten Kita-Tag ist so viel los, die Kinder haben große Pläne und wenig Zeit. Leichter fällt es oft, wenn man eine Freundin an seiner Seite hat: Schildi Schildkröte, die Entspannungsschildkröte und Expertin für Yoga und Kinesiologie, begleitet die Kinder bei den Übungen.

Jedes Angebot mit Schildi Schildkröte beginnt mit einem besonderen Bewegungsablauf: *Schildi grüßt die Sonne* (S. 27) – so entsteht ein Ritual, das den Kindern Halt und Orientierung gibt.

Die kleine Schildkröte hat außerdem Lieder, Mitmachgeschichten und -gedichte im Gepäck, in denen die Übungen aus Yoga und Kinesiologie kindgerecht und spielerisch zur Anwendung kommen. Außerdem finden sich in diesem Buch Kopiervorlagen und Spiel- und Kreativideen, um die Konzentrationsförderung zusätzlich zu unterstützen.

Gerade durch die vielseitige Herangehensweise können sich alle Kinder angesprochen fühlen, da sowohl die von Natur aus bewegungsfreudigen Kinder als auch ruhigere Kinder ihren Platz finden.

Schildi Schildkröte für alle!

Mithilfe der Nähanleitung im Anhang können Sie die kleine Schildkröte selbst nähen – entweder nur eine einzige Schildkröte für die Angebote mit Schildi oder eine für jedes Kind.

So wird Schildi Schildkröte zur Begleiterin und Ansprechpartnerin für die Kinder im Kindergartenalltag. Die Stoffschildkröte nimmt Ängste, motiviert und lädt ein, an Aktivitäten teilzunehmen. Schildi Schildkröte hilft den Kindern, sich auf die angebotene Ruhe und die vielleicht noch ungewohnten Bewegungsabläufe der Übungen einzulassen.

Wenn die Kinder die Gruppe verlassen, nehmen sie ihre Schildkröte mit – als Erinnerung an die Kindergartenzeit und als Entspannungshelfer im Alltag.

Konzentrationsfähigkeit im Alltag unterstützen – so klappt es

- Schaffen Sie eine entspannte und stressfreie Atmosphäre, denn entspannte Kinder lernen leichter.
- Sorgen Sie durch den Einsatz von verschiedenen Lernmethoden für Abwechslung.
- Achten Sie auf die richtige Raumtemperatur (zwischen 18 und 22 Grad).
- Sorgen Sie für ausreichend Bewegung im Alltag – nur wer überschüssige Energien abbauen konnte, kann ruhig sitzen bleiben!
- Achten Sie auf gesunde und abwechslungsreiche Ernährung (Zucker z. B. ist ein schneller Energielieferant und stört so die Konzentrationsfähigkeit).
- Planen Sie ausreichend Pausen ein.
- Integrieren Sie die Reime und Bewegungen aus diesem Buch in Ihren Kindergartenalltag und unterstützen Sie so die Konzentration Merkfähigkeit der Kinder.
- Schaffen Sie Rituale – zum Beispiel mit *Schildi grüßt die Sonne*.

Haltungen aus Yoga und Kinesiologie

Yoga und Kinesiologie –

Tipps für eine Bewegungseinheit

Der folgende Übungsteil beinhaltet Elemente aus der Kinesiologie, die Blockaden und Denkmuster lösen und den Kindern guttun. Aber auch Yogahaltungen fließen mit ein, die Spannungen abbauen, die Muskulatur dehnen und entspannen. Für die Übungen brauchen Sie nur rutschfeste Matten und bequeme Kleidung.

Zu jeder Übung gibt es ein großes Foto und eine ausführliche Beschreibung, sodass Sie die Übung den Kindern gut zeigen können. Hier kommt es nicht auf Perfektion an! Jeder ist anders und unser Körper sagt uns sehr genau, wozu er sich in der Lage fühlt – wir müssen nur genau hinhören.

Das Ziel von Yoga und Kinesiologie ist es, Kindern zu helfen, ihre innere Mitte zu finden und ihre innere Stärke zu spüren – die Übungen in diesem Buch sind genau das richtige Handwerkszeug dafür.

Sie können einzelne Übungen gezielt herausgreifen, Bewegungsabläufe mit den Kindern machen oder ganze Bewegungseinheiten anbieten. Im zweiten Teil des Buches finden Sie passende Themen und Mitmachideen. Wenn die Kinder etwas Übung haben, können sie die Bewegungen auch selbstständig durchführen, wann immer ihnen danach ist.

Da Kindern Rituale guttun, findet sich in diesem Kapitel übrigens auch eine Variante des Sonnengrußes, der gut als Einstieg in die Bewegungseinheit genutzt werden kann und die Kinder bereits auf die noch folgenden Übungen und Angebote einstimmt.

Baum

Yoga

So geht's

Aus dem sicheren Stand heraus wird der rechte Fuß am linken Oberschenkel abgestellt. Das rechte Knie zeigt dabei nach außen. Die Handflächen beider Hände werden zueinander geführt und vor der Brust zum Gruß gehalten.

Variante

Wer noch etwas Schwierigkeiten mit dem Gleichgewicht hat, kann den rechten Fuß auch an der Außenkante des linken Fußes aufstellen und so die Variante des kleinen Baumes für sich einnehmen.

Wirkung

Diese Übung schult das Gleichgewicht, stärkt die Beinmuskulatur, fördert die Konzentration und beruhigt außerdem die Gedanken.

Held

Yoga

So geht's

Aus dem Stand heraus wird das linke Bein gebeugt nach vorn gestellt, so dass das Knie nicht über die Zehen hinausragt (sonst kann es zu Knieproblemen kommen). Der linke Arm wird nach vorn gestreckt, der rechte nach hinten. Der Blick ist nach vorn gerichtet. Für einige Atemzüge halten, dann Seitenwechsel.

Wirkung

Diese Haltung kräftigt die Beinmuskulatur, dehnt den Hüftbeuger und vermittelt ein Gefühl von Kraft und Klarheit.

Katze und Kuh

Yoga

So geht's

Ausgangsposition ist der Vierfüßlerstand – dabei ist darauf zu achten, dass die Knie unter der Hüfte und die Handgelenke unter den Schultern abgestellt werden. Dann wird das Kinn langsam Richtung Brust geführt und mit der Wirbelsäule ein runder Katzenbuckel geformt. Langsam wird der Blick wieder nach vorn gerichtet und der Rücken wird im Kuhrücken leicht durchgedrückt.

Wirkung

Gerade die Kombination aus Katze und Kuh dehnt und entspannt den Rücken und mobilisiert die Wirbelsäule.

Katze und Kuh – Überkreuz

Yoga

So geht's

Diese Übung baut auf der Übung *Katze und Kuh* auf. Aus der Kuh-Haltung heraus werden der rechte Arm und das linke Bein weit nach vorn bzw. hinten gestreckt. Danach werden Arm und Bein unter dem Körper zusammengeführt, sodass sich Ellenbogen und Knie annähern.

Dieser Übungsablauf wird 5 bis 10 Mal je Seite wiederholt, dann wird ein Seitenwechsel durchgeführt.

Wirkung

Wie in der Vorübung wird auch hier die Wirbelsäule mobilisiert, zusätzlich wird aber noch das Gleichgewicht geschult.

Katze – Flankendehnung

Yoga

So geht's

Aus dem Vierfüßlerstand heraus wird der Oberkörper aufgerichtet und seitlich aufgedreht. Dann das rechte Bein lang ausstrecken, den rechten Arm mit der Handfläche nach oben auf dem Oberschenkel ablegen. Der linke Arm wird über den Kopf zum rechten Fuß gedehnt.

Wirkung

Diese Übung dehnt und entspannt die seitliche Rückenmuskulatur.

Katze – Balance

Yoga

So geht's

Aus der Katze mit Flankendehnung heraus wird die linke Hand seitlich abgestellt, das rechte Bein leicht angehoben und der rechte Arm ausgestreckt Richtung Decke geführt.

Wirkung

Diese Übung fördert die Balance sowie die Konzentration. Außerdem dehnt und kräftigt sie die seitliche Oberkörpermuskulatur.

Stuhl

Yoga

So geht's

Aus dem Stand heraus werden die Knie gebeugt und der Oberkörper wird nach vorn geneigt. Die Arme über die Ohren gestreckt nach vorn führen und diese Position für einige Atemzüge halten.

Variante

Für eine Steigerung der Haltung kann ein Fuß auf den Oberschenkel des anderen Beines abgelegt werden. Nach einigen Atemzügen die Seite wechseln.

Wirkung

Diese Haltung kräftigt die Beinmuskulatur und die Standfestigkeit und streckt den Oberkörper. In der Variante fördert die Haltung außerdem die Konzentration.

Tänzer

Yoga

So geht's

Aus dem Stand heraus wird das rechte Bein zuerst Richtung Gesäß geführt, mit der rechten Hand umgriffen und dann im rechten Winkel gedehnt. Der Oberkörper wird dabei leicht nach vorn gebeugt und die linke Hand entweder nach oben oder nach vorn ausgestreckt.

Variante

Als Einstieg kann auch die einfache Beindehnung ausgeführt werden.

Wirkung

Diese Übung dehnt das Bein, fördert die Standfestigkeit und den Gleichgewichtssinn.

Anschaltpunkt

Kinesiologie

So geht's

Diese Übung kann im Stehen wie auch im Sitzen durchgeführt werden. Hierbei wird eine Hand auf den Bauchnabel gelegt. Daumen und Zeigefinger der anderen Hand werden unterhalb des Schlüsselbeins abgelegt. Diese Punkte werden für ca. 30 Sekunden massiert, danach Seitenwechsel.

Variante

Eine Hand auf den Bauchnabel, die andere Hand wie ein C an den Mundwinkel anlegen und massieren.

Wirkung

Diese Übung verknüpft beide Gehirnhälften miteinander und verbessert die Aufmerksamkeit und Konzentration. Sie bietet eine gute Vorbereitung aufs Lernen.

Arme brezeln

Kinesiologie

So geht's

Die Arme werden verschränkt. Dann merkt man sich, welche Hand oben und welche nach innen eingetaucht ist. Jetzt wird die Haltung aufgelöst und die Hände werden getauscht: die Hand, die zu sehen war, wird eingetaucht, und die Hand, die versteckt war, schaut raus. Die Übung wird einige Male fließend durchgeführt.

Wirkung

Diese Übung fördert die Konzentration und verbindet die linke und die rechte Gehirnhälfte miteinander.

Hand und Faust

Kinesiologie

So geht's

Im Stand wird die rechte Hand zur Faust geballt und nach vorn geführt, die linke Hand zeigt mit der Handfläche nach oben und wird an der linken Seite gehalten. Mit einer fließenden Bewegung wird dann die rechte Hand zurück zur Seite geholt und die Handfläche aufgedreht und die linke Hand gleichzeitig nach vorn geschoben und als Faust geballt. Dieser Ablauf wird einige Male wiederholt – vorn Faust, am Körper offene Handfläche.

Wirkung

Diese Übung fördert die Konzentration und verbindet die linke und die rechte Gehirnhälfte miteinander. Außerdem wird das Kurzzeitgedächtnis geschult.

Liegende Acht

Kinesiologie

So geht's

Im Sitzen oder Stehen werden die Fingerspitzen zusammengeführt, sodass die Hände ein Dreieck bilden. Dieses Händefenster wird nach oben links geführt, danach mit den Händen eine liegende Acht in die Luft gezeichnet. Nur die Augen verfolgen die Bewegung der Hände – der Oberkörper bleibt starr. Diese Übung mindestens zwölf Mal wiederholen.

Wirkung

Die liegende Acht kann den Gedankenstrom stoppen und so für mehr Konzentration sorgen. Durch die Überkreuzbewegung der Augen werden außerdem die rechte und die linke Gehirnhälfte miteinander verknüpft. Wird die Übung auf dem Papier mit einem Stift ausgeführt, wird das Handgelenk zusätzlich gelockert und kann das Schriftbild positiv beeinflussen.

Nackenrolle

Kinesiologie

So geht's

Diese Übung kann sowohl im Sitzen als auch im Liegen durchgeführt werden. Die Schultern werden entspannt nach hinten und unten fallen gelassen. Dann wird das Kinn sanft zum Hals geführt. Der Kopf rollt sanft von der Mitte zur rechten Schulter, wieder zur Mitte und weiter zur linken Schulter. Wichtig: Um zu vermeiden, dass der Nacken überstreckt wird, wird mit dem Kopf nie nach hinten, sondern nur nach vorn gerollt.

Wirkung

Diese Übung fördert die Sprachverarbeitung und das Sprachverständnis. Außerdem entspannt sie die Nackenmuskulatur.

Ohren auffalten

Kinesiologie

So geht's

Diese Übung kann im Stehen oder Sitzen durchgeführt werden. Daumen und Zeigefinger werden auf beiden Seiten an die äußere Rundung der Ohren gelegt. Mit den Fingern werden die Ohren dann ganz sanft von oben nach unten auseinandergefaltet. Diese Massage am besten mindestens 3 Mal wiederholen.

Wirkung

Die Ohrmassage verbessert das Hörverständnis und das Gleichgewicht. Außerdem hat sie eine entspannende Wirkung auf den Kiefer und die Gesichtsmuskeln.

Synchronzeichnen

Kinesiologie

So geht's

In eine aufrechte Sitz- oder Standhaltung gehen und dann mit beiden Händen zur selben Zeit spiegelgleich Formen oder Linien in die Luft zeichnen.

Variante

Zur Veranschaulichung oder Vereinfachung kann die Übung auch mit zwei Stiften auf einem Papier ausgeführt werden.

Wirkung

Diese Übung erleichtert das Schreiben, Rechnen und Buchstabieren und fördert außerdem die Auge-Hand-Koordination.

Überkreuz

Kinesiologie

So geht's

Die Kinder stehen oder liegen, die Hände werden zum Kopf geführt. Das rechte Bein wird im Winkel angehoben, sodass das Knie ungefähr auf Hüfthöhe ist. Zeitgleich wird der linke Arm angewinkelt und der Ellenbogen des linken Arms zum Knie des rechten Beines geführt. Dann die Seite wechseln und mehrere Male wiederholen.

Variante

Im Stehen: Gerade am Anfang fällt es den Kindern leichter, wenn sie anstelle des Ellenbogens das Knie mit der Handfläche abklatschen. Aber auch hier sollte die Bewegung über Kreuz durchgeführt werden. Bein und Arm können auch hinter dem Körper zusammengeführt werden. Dann berührt die Hand den Fuß.

Wirkung

Diese Übung verbessert die Rechts-Links-Koordination, baut Stress ab und stärkt – durch das Überkreuzen der Mittellinie – die Verknüpfung der linken und der rechten Gehirnhälfte.

Schildi grüßt die Sonne

Ritual zum Einstieg in die Entspannung

Schildi grüßt die Sonne ist eine abgewandelte Form des traditionellen Sonnengrußes. Der Sonnengruß aktiviert, mobilisiert und wärmt den Körper für die kommende Entspannungseinheit auf. Der Rücken und die Wirbelsäule werden gedehnt und entspannt und die Muskulatur wird gekräftigt. Außerdem gibt der Sonnengruß Schwung für den Tag. Die Haltungen werden fließend umgesetzt und bilden mit dem beigefügten Mitmachreim ein schönes Anfangsritual.

Ablauf

Schildkröte

Im Fersensitz die Knie leicht nach außen zeigen lassen und die Hände mit den Handrücken zusammenführen. Die Hände werden dann gemeinsam zwischen die Beine geschoben und der Kopf wird abgelegt.

Händegruß

Von hier aus in den Stand gehen und die Hände zum Gruß nehmen.

Rückbeuge

Mit dem Oberkörper sanft in die Rückbeuge gehen und die Arme mit nach oben nehmen.

Vorbeuge

In die Vorbeuge übergehen – die Hände hierbei zum Boden führen.

Krieger

Die Hände auf der Matte abstellen, das rechte Bein bleibt auf Höhe der Hände in gebeugter Haltung stehen. Das linke Bein wird gestreckt nach hinten geführt.

Hierbei darauf achten, dass das Knie nicht über die Zehen hinausragt, da es sonst zu Knieproblemen kommen kann. Der Blick ist nach vorn gerichtet.

Stütz

Das rechte Bein wird ebenfalls nach hinten geführt. Die Zehen sind aufgestellt.

Fersensitz

Aus dem Stütz in den Fersensitz übergehen, um dann nach vorn zu „schnuppern“: Der Oberkörper wird mit dem Gesicht ganz nah an der Matte nach vorn geführt.

Kobra

In die Kobra übergehen …

Hund

… und anschließend in den Hund.

Nun geht es rückwärts:
Aus der Haltung des Hundes heraus wird das linke Bein in der Beuge vorgestellt zu den Händen – das rechte bleibt gestreckt *(Krieger – seitenverkehrt)*. Dann werden die Füße nebeneinandergestellt *(Vorbeuge)*. Von hier aus aufrichten und in die Rückbeuge gehen. Anschließend den Sonnengruß mit dem Händegruß abschließen.

Schildi grüßt die Sonne

Mitmachreim

Guten Morgen, liebe Sonne, *(Schildkröte)*
schön, dass du mich jetzt aufweckst. *(Händegruß)*
Dann werd ich wach und genieße, *(Rückbeuge)*
wie du meine Nase neckst.

Ich berühre gern den Boden, *(Vorbeuge)*
liebe Erde, du trägst mich,
nährst die Tiere und die Menschen,
dafür danke ich.

Wie ein Krieger stark im Leben, *(Krieger)*
hab auch ich ganz viel zu geben.

Stärke hab ich in den Armen, *(Stütz)*
eins und zwei.
Und Stärke hab ich in den Beinen –
sind doch immer mit dabei.

Meinen Rücken dehn ich und tu Gutes, *(Fersensitz zu Kobra)*
so bin ich jeden Tag guten Mutes.

Einen langen Rücken mach ich gern – *(Hund)*
das ist der Yoga-Hund,
den erkennt man von nah und fern.

Mein linkes Bein, *(Krieger linkes Bein)*
das will auch noch ein Krieger sein.
Dann stell ich beide Beine zusammen,
denn sie sind nicht gern allein. *(Vorbeuge)*

Und dann streck ich mich dir entgegen – *(Rückbeuge)*
liebe Sonne, strahl mich an.
Voller Freude will ich mich bewegen – *(Händegruß)*
jetzt fängt mein Tag erst richtig an!

Praxisteil

Gedichte, Lieder und Geschichten zum Mitmachen

Mitmachideen mit Schildi Schildkröte

Mit viel Bewegung in die Konzentration

Bewegung gehört zu einer gesunden Entwicklung dazu. Nicht nur, um körperliche Herausforderungen anzugehen und an diesen zu wachsen, sondern auch, weil Bewegung uns entspannt. Daher finden sich in diesem Teil des Buches Mitmachgeschichten, die Spannungen abbauen und ein Gefühl von innerer Stärke vermitteln. Die Übungen aus Yoga und Kinesiologie, die in den Geschichten auftauchen, helfen den Kindern dabei, stark und selbstbewusst heranzuwachsen, und unterstützen sie in ihrer Konzentrationsfähigkeit.

Gerade am Anfang geht es weniger darum, alles perfekt umzusetzen, sondern vielmehr soll die Freude und das Interesse an Bewegung gefördert und erhalten werden.

Kinder lernen und verarbeiten im Spiel, was sie erleben. Daher finden sich in diesem Buch auch Spiele und kreative Ideen, die die Themen der Mitmachgeschichten und -gedichte noch einmal aufgreifen, vertiefen und festigen.

Für jedes Angebot benötigen Sie eine kleine Stoffschildkröte – entweder aus Ihrem Fundus oder ganz einfach selbst genäht (siehe Anhang). Besonders schön ist es, wenn jedes Kind seine eigene Stoffschildkröte bekommt. Schildi Schildkröte ist immer dabei und leitet die Kinder durch das Angebot.

Die rutschfesten Matten und die bequeme Kleidung gehören zu jeder Bewegungseinheit mit Schildi Schildkröte dazu. Was Sie sonst noch brauchen, finden Sie in den Materiallisten bei den jeweiligen Angeboten.

Ein Ritual mit Schildi Schildkröte

Rituale helfen den Kindern, sich leichter auf das Kommende einzustellen und sich zurechtzufinden. Viele (vor allem schüchterne) Kinder begrüßen schon die kleinsten Rituale, da ihnen diese Halt und Orientierung geben. Ein schöner Ablauf für eine Bewegungseinheit mit Schildi Schildkröte wäre beispielsweise:

- Begrüßen der Kinder im Stuhlkreis
- Vorstellen und Begrüßen von Schildi Schildkröte (gern mithilfe des Steckbriefes)
- gemeinsam die Bewegungseinheit *Schildi grüßt die Sonne* durchführen
- Geschichte oder Gedicht umsetzen
- Schildi Schildkröte wieder verabschieden und Stuhlkreis auflösen

Die Yoga- und Kinesiologiehaltungen können Sie im Vorfeld mit den Kindern üben oder während der Durchführung gemeinsam entdecken.

Müdigkeit ade!

Mitmachgedicht

Alter	ab 3 Jahren
Übungen	Ohren auffalten, Überkreuz, liegende Acht
Das bewirkt's	Diese Übungen verknüpfen die rechte und die linke Gehirnhälfte miteinander, beruhigen den Gedankenstrom und fördern das Hörverständnis.

Unsere liebe Schildi Schildkröte ist heute noch ganz verschlafen. Damit sie wieder richtig fit wird, hat sie uns ein kleines Mitmachgedicht mitgebracht, mit dem wir uns fit für den Tag machen können:

Heute Morgen bin ich aufgewacht,
da hat die Sonne schon gelacht.
Doch meine Augen klitzeklein,
schlafen mir fast wieder ein.
(Augen reiben)

Mit der Acht will ich sie wecken,
gemeinsam können wir dann die Welt entdecken!
(liegende Acht)

Auch das Denken fällt mir noch schwer,
doch mit der Überkreuzbewegung kommt tolle Hilfe daher!
(Überkreuz)

Die Denkermütze setz ich noch schnell auf,
jetzt bin ich fit für den Tag und freu mich drauf!
(Ohren auffalten)

Rappel, Zappel

Mitmachgedicht

Alter	ab 3 Jahren
Übungen	Held, Baum, Tänzer
Das bewirkt's	Durch diese Übungen werden das Gleichgewicht und die Konzentration gefördert und die Beinmuskeln gestärkt. Außerdem wird ein Gefühl von Klarheit vermittelt.

An manchen Tagen hat man ganz viel Zappel im Bauch und das Stillsitzen fällt sehr schwer. Schildi Schildkröte hat uns ein kleines Mitmachgedicht mitgebracht, mit dem wir wieder zur inneren Ruhe finden können und uns das Konzentrieren dann leichter fällt.

Rappel, Zappel – doch im Nu,
find auch ich heut noch zur Ruh.
(stehen)

Ein Bein vor, die Hand kommt mit,
Klarheit find ich so ganz geschickt!
(Held)

Tief verwurzelt mit der Erde,
spür ich, wie ich ruhiger werde.
(Baum)

Mit dem Tänzer konzentrier ich mich dann
und wage mich an jede Aufgabe ran!
(Tänzer)

Der Flamingo

Mitmachgedicht

Alter ab 3 Jahren

Übungen Held, Tänzer, Baum

Das bewirkt's Hier werden die Beinmuskeln und das Gleichgewicht trainiert sowie die Konzentration und der Fokus auf die innere Mitte geschult.

Schildi Schildkröte liebt es, Flamingos im Zoo zu besuchen und zu beobachten – und deshalb freut sie sich sehr, mit euch heute ein kleines Mitmachgedicht mit dem Flamingo durchzuführen!

Ein Kleid aus rosa Federn fein,
das kann nur der Flamingo sein!
(stehen)

Ruhig und entspannt schleiche
ich mich an,
sodass ich den schönen Vogel
beobachten kann.
(Held)

Meist steht er auf einem Bein,
(Baum)
das andere macht er am Bauch
ganz klein.
(Baum, Seitenwechsel)

Und wenn er dann fliegt ganz
schnell fort, bringen ihn seine rosa
Flügel an jeden beliebigen Ort.
(Tänzer)

Spielidee: Flamingo-Fangen

Material: je Kind mindestens 5 Wäscheklammern

Jedes Kind erhält 5 Wäscheklammern, die die Flamingo-Federn sein sollen, und befestigt diese hinten an seinem T-Shirt. Auf ein Startzeichen hin versucht jedes Kind, von den anderen Kindern so viele Wäscheklammern wie möglich einzusammeln, ohne dabei viele eigene Wäscheklammern zu verlieren. Wer hat am Ende die meisten Federn gesammelt?

Chaos im Kopf

Mitmachgedicht

Alter	ab 3 Jahren
Übungen	Hand und Faust, Arme brezeln, Überkreuz, liegende Acht
Das bewirkt's	Hier werden Konzentration und Merkfähigkeit trainiert und die beiden Gehirnhälften miteinander verknüpft.

Manchmal kreisen die Gedanken immer um ein Thema – sie wollen gar nicht zur Ruhe kommen. Oder die Gedanken hüpfen von einem Thema zum nächsten und man hat das Gefühl, man kann sich gar nicht recht auf eine Sache konzentrieren. Hier kann uns Schildi Schildkröte mit ein paar Bewegungen und einem Mitmachgedicht helfen..

Die Faust ist vorn, die Hand ist auf,
das klappt nur mit Konzentration – also pass gut auf!
(Hand und Faust)

Dann brezel ich die Arme ein,
am Anfang ist es schwer – dann klappts von ganz allein.
(Arme brezeln)

Jetzt kommt noch die Überkreuzbewegung dazu,
dann mach ich die Gedankenschubladen zu.
(Überkreuz)

Mit der liegenden Acht komm ich zur Ruh,
konzentrieren, das schaffst mit den Bewegungen auch du!
(liegende Acht)

Ruckzuck-Entspannung

Mitmachgedicht

Alter	ab 3 Jahren
Übungen	Katze und Kuh, Katze und Kuh – Überkreuz, Katze – Flankendehnung, Katze – Balance, Held, Baum
Das bewirkt's	Hier werden Konzentration und Merkfähigkeit trainiert, der Rücken und die Wirbelsäule gestärkt und entspannt und Konzentration und Klarheit gefördert.

Um sich konzentrieren zu können, ist Entspannung ganz wichtig – entspannte Kinder lernen leichter. Deshalb hat sich Schildi Schildkröte ein Mitmachgedicht ausgedacht, mit dem die Kinder Entspannung finden können und ihre innere Mitte wahrnehmen.

Fällt das entspannte Lernen schwer,
müssen ein paar Übungen her!

Katz und Kuh entspannen den Rücken,
(Katze und Kuh)
Überkreuz ist auch entzückend.
(Katze und Kuh – Überkreuz)

An die Seite denk ich auch,
(Katze – Flankendehnung)
weil auch sie Entspannung braucht.
(Katze – Flankendehnung, Seitenwechsel)

Balancieren ist ganz leicht,
(Katze – Balance)
meine Hand fast bis zum Himmel reicht.
(Katze – Balance, Seitenwechsel)

So werden auch
die Gedanken ganz klar,
(Held)
konzentrieren klappt jetzt
wunderbar!
(Baum)

Verrückte Zahlenwelt

Mitmachgedicht

Alter	ab 3 Jahren
Übungen	Hand und Faust, Arme brezeln, Überkreuz, liegende Acht
Das bewirkt's	Mit den Überkreuzbewegungen werden die linke und die rechte Gehirnhälfte miteinander verknüpft, das Denken fällt leichter und die Zahlenwelt wird zugänglicher. Kindern, denen das Zählen und Rechnen noch schwerfällt, kann dieses Mitmachgedicht helfen.

Manchmal fällt das Zählen schwer,
dann müssen Überkreuzbewegungen her!
(Überkreuz)

Jetzt brezel ich die Arme ein,
denn dafür bin ich nicht zu klein.
(Arme brezeln)

Auch Hand und Faust ist wirklich
leicht, damit hab ich die Tür zur
Zahlenwelt erreicht.
(Hand und Faust)

Jetzt noch schnell die Acht gemacht,
dann wird gezählt, dass es nur so kracht!
(liegende Acht)

Kleine Kreatividee: Zahlen verbinden

Material: Kopiervorlagen 3 (leicht) und 4 (schwerer), Stifte

Jedes Kind erhält eine seinem Alter und seinen Fähigkeiten entsprechend eine leichtere oder eine schwerere Kopiervorlage und einen Stift und darf dann die Zahlen der Reihe nach verbinden. Abschließend malt es die entstandene Figur bunt an.

Den Worten lausch ich gern

Mitmachgedicht

Alter	ab 3 Jahren
Übungen	Überkreuz, liegende Acht, Ohren auffalten
Das bewirkt's	Mit den Überkreuzbewegungen werden die linke und die rechte Gehirnhälfte miteinander verknüpft, das Denken fällt leichter. Mit den aufgefalteten Ohren fällt das Zuhören und das Hörverstehen leichter. Die liegende Acht beruhigt die Gedanken und fördert so die Konzentration.

Schildi Schildkröte lauscht gern Geschichten und versucht, sich so viel zu merken, wie es nur geht. Dafür hat sie einen Bewegungstrick, mit dem es noch besser klappt.

Worten lausch ich immer sehr,
doch das Merken fällt oft schwer.
(stehen)

Überkreuz geht es ganz leicht,
ein paar Mal wiederholt oft schon reicht.
(Überkreuz)

Mit der liegenden Acht räum ich meine Gedanken in Schubladen ein,
mit der neuen Gedankenordnung kann ich gleich entspannter sein.
(liegende Acht)

Die Ohren falt ich mir noch auf und hör gut zu,
denn Zuhören und Merken klappt ganz leicht – das ist der Clou.
(Ohren auffalten)

Brezeln backen

Mitmachgedicht

Alter	ab 3 Jahren
Übungen	Überkreuz, liegende Acht, Hand und Faust, Arme brezeln
Das bewirkt's	Hier werden die linke und die rechte Gehirnhälfte miteinander verknüpft, der Gedankenstrom wird gestoppt und die Konzentration gefördert.

Schildi Schildkröte weiß, dass ein leerer Magen beim Lernen hinderlich ist. Daher hat sie sich das Mitmachgedicht mit der Brezel ausgedacht.

Quält mich mal der Hunger sehr,
muss ganz schnell ne Brezel her!
(stehen)

Im Sauseschritt muss ich gleich los,
denn der Hunger ist ja groß!
(Überkreuz)

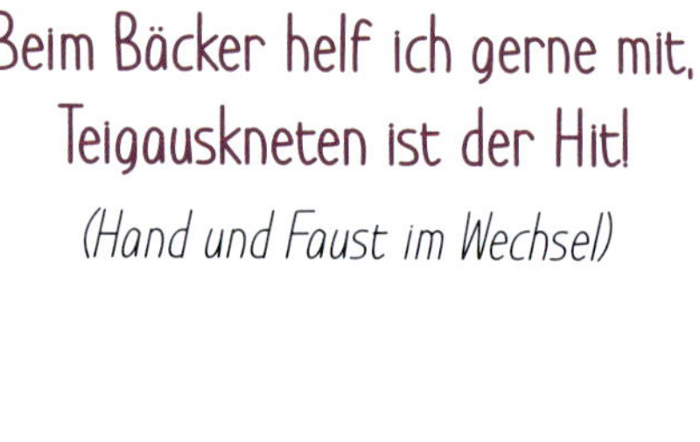

Beim Bäcker helf ich gerne mit,
Teigauskneten ist der Hit!
(Hand und Faust im Wechsel)

Ausgerollt wird dann der Teig,
gleich ist meine Brezel so weit.
(liegende Acht)

Nach dem Backen lass ich sie
mir schmecken, muss zum Schluss
den Mund ablecken.
(Arme brezeln)

Wortsalat

Mitmachgedicht

Alter	ab 3 Jahren
Übungen	Überkreuz, Ohren auffalten, liegende Acht
Das bewirkt's	Mit diesem Mitmachgedicht werden die beiden Gehirnhälften miteinander verknüpft, der Gedankenstrom wird gestoppt und das Hörverständnis gefördert.

Auch Schildi Schildkröte kennt das: An manchen Tagen fällt einem das Zuhören und Verstehen richtig schwer, doch mit dem nachfolgenden Mitmachgedicht kann sie helfen.

Ich versteh nur noch blablabla –
da waren doch vorher noch Wörter da!
(Kopf schütteln)

Doch warte, gleich geht's wieder gut,
und ich bekomm alle Wörter unter einen Hut.
(Kopf nicken)

Überkreuz – so fang ich an –
und dann dauerts nicht mehr lang!
(Überkreuz gehen)

Meinen Ohren sag ich danke gern,
mit der Massage bleibt das Wörterchaos fern.
(Ohren auffalten)

Jetzt noch die Gedanken sortieren,
dann kann der Wortsalat nur noch verlieren!
(liegende Acht)

So mal ich gern!

Mitmachgedicht

Alter	ab 3 Jahren
Übungen	liegende Acht, Arme brezeln, Hand und Faust, Baum
Das bewirkt's	Dieses Gedicht baut Stress ab, verbindet die rechte und die linke Gehirnhälfte, fördert die Konzentration und lockert die Hände und Arme.

Schildi Schildkröte malt gern Bilder, doch an manchen Tagen will der Stift nicht so wie unsere kleine Schildkröte. Hier weiß sie Rat!

Immer mal ich neben raus –
heute ist es echt ein Graus!
Doch auch hier weiß ich schon
Rat und hopp – dann ist mein
Bild gleich wieder top!
(stehen)

Meine Hände locker ich,
denn darüber freun sie sich!
(liegende Acht)

Mit den Händen stoß ich zu,
denn zum Malen gehört auch Kraft dazu.
(Hand und Faust)

Jetzt sind noch die Arme dran,
und schon fühlt sich der Stift gut an.
(Arme brezeln)

Den schönsten Baum mal ich im Nu,
denn malen gehört bei mir dazu!
(Baum)

Die Kirchturmuhr in unserer Stadt

Mitmachgedicht

Alter	ab 3 Jahren
Übungen	Baum, Tänzer, Katze und Kuh, Katze – Balance, Katze – Flankendehnung
Das bewirkt's	Mit diesem Gedicht wird die Konzentration gefördert und die Beine und der Rücken werden gedehnt und entspannt.

Unser Kirchturm, der ist schön,
die Spitze kann man schon von Weitem sehn.
(Baum)

Manchmal fliegen Vöglein nah daran vorbei
oder legen dort im Nest ein Ei.
(Tänzer)

Und wenn ich noch im Bettlein lieg und kuschel,
vielleicht auch noch die Haar verwuschel,
dann freu ich mich besonders arg,
wenn es wird bei uns dann Tag.
(Katze und Kuh im Wechsel)

Denn da hör ich bim, bam, bum,
und die Nacht ist endlich um.
(Katze – Flankendehnung und Katze – Balance im Wechsel)

Denn verschlafen will ich keinen Tag –
freu mich viel zu sehr drauf, was er bringen mag!
(Katze – Flankendehnung und Katze – Balance im Wechsel)

Im Traum bin ich ein Superheld

Mitmachgedicht

Alter	ab 3 Jahren
Übungen	Held, Katze, Katze – Flankendehnung, Katze – Balance, Baum, Schildkröte (aus Sonnengruß)
Das bewirkt's	Hier wird die Konzentration gefördert, die Beine und der Rücken werden gedehnt und entspannt.

Nachts in meinem Bette fein,
kommen doch die schönsten Träume rein.
(stehen)

Einmal war ich Superheld,
vollbrachte gute Taten ganz ohne Geld.
(Held)

Hörte im Traum ein Kätzlein wimmern,
und flog deshalb ganz schnell aus dem Zimmer.
(Katze)

Auf einem Baum hat sichs versteckt,
doch leider keinen Rückweg mehr entdeckt.
(Baum)

In meinem Traum bin ich schnell hochgeflogen,
das Kätzchen hat kaum was gewogen.
(Katze – Balance)

Vorsichtig setzte ich es auf der Erde ab,
es war schon ganz müde und schlapp.
(Katze – Flankendehnung)

Ich deckte es ganz vorsichtig zu,
dann fand es endlich seine Ruh.
(Schildkröte)

Stolz flog ich wieder heim zu mir,
doch wenn du mich rufst, komm ich auch zu dir!

Die Schiffsfahrt

Mitmachgedicht

Alter	ab 3 Jahren
Übungen	Überkreuz, liegende Acht, Baum, Katze – Balance, Katze – Flankendehnung
Das bewirkt's	Das Gleichgewicht sowie die Konzentration werden hier geschult. Außerdem wird der Gedankenstrom beruhigt und der Körper gedehnt.

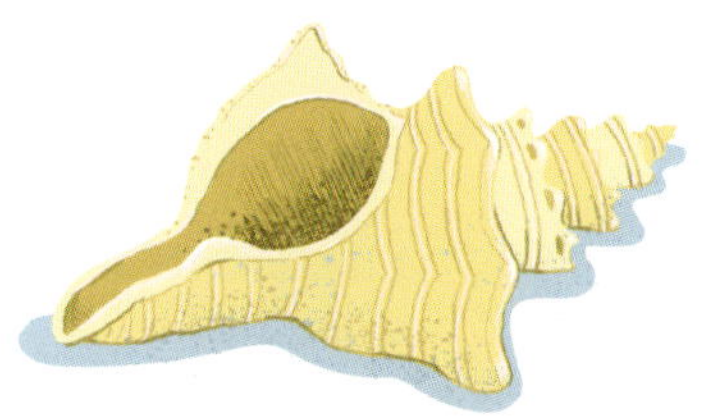

An das Meer möchte ich jetzt gehn,
kann auch gleich mein Schifflein sehn!
(Überkreuz)

Leichte Wellen auf und ab,
halten mein Schifflein richtig auf Trab!
(liegende Acht)

Ganz dahinten kann ich einen Leuchtturm sehn,
dort kommt mein Schifflein dann zum Stehn.
(Baum)

Am Strand ruh ich mich dann noch aus,
denn bald, da geht's schon wieder nach Haus.
(Katze – Flankendehnung)

Nun geht es übers Meer zurück –
was war die Schiffsfahrt für ein Glück!
(Katze – Balance)

Planetenhüpfer

Mitmachgedicht

Alter	ab 3 Jahren
Übungen	Katze und Kuh, Katze – Balance, Katze – Flankendehnung, Tänzer
Das bewirkt's	Hier wird der Rücken gedehnt und entspannt. Die Balance und die Konzentration werden gefördert.

Wenn ich in den Sternenhimmel schau,
dann weiß ich eines ganz genau:
Ich wäre gerne mal dort oben
und würde bei den Sternen toben.

Meine Rakete fliegt mit mir ins All,
Merkur, Venus, Erde, Mars –
dort war ich schon überall.
(Tänzer)

Jupiter, dich kenn ich gut,
doch weiter flieg ich, hab den Mut!
(Katze und Kuh im Wechsel)

Saturn, du mit dem tollen Ring,
tolle Geschichten ich dir bring.
(Katze – Balance)

Zum Uranus will ich noch,
ja, da muss ich noch ein bisschen hoch.
(Katze – Flankendehnung)

Neptun, du machst dann den Schluss,
(Katze – Balance, Seitenwechsel)
bevor ich wieder nach Hause muss.
(Katze – Flankendehnung, Seitenwechsel)

Meine Rakete fliegt zurück,
manchmal hab ich einfach Glück.
(Tänzer)

Kleine Kreatividee: Sonnensystem aufkleben

Material: Kopiervorlage 6, Schere, Kleber, DIN-A3-Papier (alles entsprechend der Anzahl der Kinder)

Jedes Kind erhält eine Kopie der Planeten. Das DIN-A3-Papier wird einmal in der Mitte durchgeschnitten. Beide Enden werden miteinander verklebt, sodass ein langer Streifen entsteht. Dann werden die Planeten angemalt, ausgeschnitten und in der richtigen Reihenfolge aufgeklebt (Sonne – Merkur – Venus – Erde – Mars – Jupiter – Saturn – Uranus – Neptun).

Der Sonnenaufgang

Mitmachgedicht

Alter	ab 3 Jahren
Übungen	Schildkröte (aus Sonnengruß), Katze und Kuh, Katze – Balance, Katze – Flankendehnung
Das bewirkt's	Hier wird der Rücken gedehnt und entspannt. Die Balance und die Konzentration werden gefördert.

Ist man gedehnt und entspannt, fällt alles gleich viel leichter. Schildi Schildkröte hat deshalb ein kleines Entspannungsgedicht mitgebracht.

Morgens lieg ich in meinem Bett,
find es dort ganz kuschelig und nett.
(Schildkröte)

Kommt der erste Sonnenstrahl durchs Fenster rein,
möchte ich gleich munter sein.
(Katze und Kuh im Wechsel)

Recke mich der Sonne entgegen,
möcht mich mehr und mehr bewegen.
(Katze – Flankendehnung und Katze – Balance im Wechsel)

Erfreue mich an dem schönen Tag,
der mir bestimmt wieder viel Freude bringen mag.
(Katze – Flankendehnung und Katze – Balance im Wechsel, Seitenwechsel)

Die Schneeballschlacht

Mitmachgedicht

Alter	ab 3 Jahren
Übungen	liegende Acht, Hand und Faust, Arme brezeln
Das bewirkt's	Mit diesen Übungen können die beiden Gehirnhälften miteinander verknüpft werden, der Gedankenstrom kann gestoppt und die Konzentration gefördert werden.

Mit Schnee spielt Schildi Schildkröte besonders gern – deshalb hat sie heute ein Schneeballschlacht-Mitmachgedicht mitgebracht.

Ganz viel Schnee liegt überall,
daraus mach ich schnell nen Ball.
(stehen)

Hol mir noch mehr Schnee dazu,
eine Kugel wird's im Nu!
(liegende Acht)

Und der Ball fliegt dann zu dir,
duck dich flink, das rat ich dir!
(Hand und Faust im Wechsel)

Unsre Bälle fliegen hin und her,
Freude macht das mehr und mehr!
(Hand und Faust im Wechsel)

Wird es mir dann kalt und frisch,
geht's nach Haus zum Abendtisch!
(Arme brezeln)

Bäumlein wachs!

Mitmachgedicht

Alter	ab 3 Jahren
Übungen	Schildkröte (aus Sonnengruß), Katze – Balance, Katze – Flankendehnung, Baum
Das bewirkt's	Diese Übungen dehnen und entspannen und unterstützen dabei noch die Konzentration.

Schildi Schildkröte liebt Tiere und Pflanzen. Heute möchte sie einen kleinen Baum wachsen lassen.

Kommt die Saat in den Boden rein,
ist das Pflänzchen anfangs noch klitzeklein.
(Schildkröte)

Mit ganz viel Regen und Sonnenschein,
wird das Pflänzchen größer und bleibt nicht mehr klein.
(Katze – Flankendehnung)

Reckt sich täglich der Sonne entgegen,
möchte sich mehr und mehr zu ihr hinbewegen.
(Katze – Balance)

Liebes Pflänzchen: Längst bist du nicht mehr klein,
bald schon wirst du ein großer Baum sein!
(Baum)

Meine Schlangenarme

Mitmachgedicht

Alter	ab 3 Jahren
Übungen	liegende Acht, Hand und Faust, Arme brezeln
Das bewirkt's	Mit diesen Übungen können die beiden Gehirnhälften miteinander verknüpft werden, der Gedankenstrom kann gestoppt und die Konzentration gefördert werden.

Schildi Schildkröte liebt es, wenn sie spürt, wie beweglich ihre Arme sind. Deshalb macht sie gern diese Übungen – hier hat sie das Gefühl, sie hat Schlangenarme.

Meine Arme können wie Schlangen sein,
zwei verliebte Schlangen kuscheln sich ein.
(Arme brezeln)

Gemeinsam drehn sie ihre Runden:
Zum Glück haben sich die zwei gefunden!
(liegende Acht)

Doch manchmal haben sie Streit und da schau her:
Da laufen sie nicht mal nebeneinander her!
(Hand und Faust)

Aber meistens haben sie sich gern –
und Einsamkeit bleibt da ganz fern!
(Arme brezeln)

Munter in den Tag starten

Mitmachgedicht

Alter	ab 3 Jahren
Übungen	Schildkröte (aus Sonnengruß), Hand und Faust, Ohren auffalten, Überkreuz, liegende Acht
Das bewirkt's	Hier werden die beiden Gehirnhälften miteinander verknüpft. Das Hörverständnis und die Konzentration werden gefördert.

Morgens macht Schildi Schildkröte gern ein paar Übungen, um fit in den Tag zu starten. Heute hat sie euch wieder eine kleine Übungsreihe gegen Müdigkeit mitgebracht.

Eigentlich war's in meinem Bett,
grad doch noch so richtig nett.
(Schildkröte)

Doch der Wecker klingelt fröhlich vor sich hin,
da macht Aufstehn wirklich Sinn.
(aufstehen)

Meine Arme streck ich aus,
langsam komm ich aus dem Bette raus.
(Hand und Faust)

Ins Bad da geht's für mich ganz schnell,
die Sonne scheint schon hell.
(Überkreuz)

Zähneputzen geht im Nu,
dabei schaut mein Spiegelbild mir zu.
(liegende Acht)

Gesicht und Ohren wasch ich mir,
und schon bin ich fertig hier!
(Ohren auffalten)

Dreimal noch den Hampelmann gemacht,
dann bin ich fit – wär doch gelacht!
(3-mal Hampelmann)

Vor und zurück

Mitmachgedicht

Alter	ab 3 Jahren
Übungen	Schildkröte (aus Sonnengruß), Katze und Kuh, Held, Baum, Tänzer
Das bewirkt's	Diese Übungsfolge dehnt und entspannt den Rücken, kräftigt die Beinmuskulatur und unterstützt die Balance und die Konzentration.

Zuerst, da ruht der Rücken aus,
dann guck ich flugs aus meinem Haus.
(Schildkröte)

Schau mich fröhlich bei euch um,
reck mein Köpfchen rundherum.
(Katze und Kuh)

Stell mich mutig in den Raum,
bin stark und kräftig – nicht nur im Traum.
(Held)

Wie ein Baum kann ich schon stehn,
das kann jeder ganz leicht sehn.
(Baum)

Dann streck ich noch den Arm mit vor,
das kommt einem gleich schwerer vor.
(Tänzer)

Liebe Kinder, rückwärts geht es jetzt voran,
doch was kommt dann wohl als Erstes dran?

Der Tänzer war besonders schwer,
hier muss das andere Bein jetzt her!
(Tänzer, Seitenwechsel)

An den Baum erinner ich mich noch,
das andere Bein, das nehm ich doch!
(Baum, Seitenwechsel)

Mit dem Held, da war die Mitte gefunden,
mit dem Beinwechsel kann ich die Übung abrunden.
(Held, Seitenwechsel)

Katze und Kuh sind für den Rücken ein Traum,
muss nur immer wieder den runden Rücken baun.
(Katze und Kuh im Wechsel)

Endlich entspannen – das genieße ich sehr,
tja und merken kann ich mir noch viel mehr!
(Schildkröte)

Das Abendritual

Mitmachgedicht

Alter	ab 3 Jahren
Übungen	Baum, Katze und Kuh, Katze – Flankendehnung, Katze – Balance, Schildkröte (aus Sonnengruß)
Das bewirkt's	Mit diesen Übungen wird der Rücken gedehnt und entspannt, die Wirbelsäule flexibel gehalten und die Aufmerksamkeit nach innen gerichtet.

Schildi Schildkröte weiß: Nur wer zur Ruhe kommt, kann auch gut schlafen. Daher macht sie gern ein paar Yogaübungen am Abend und ist so ausgeruht und fit am nächsten Tag. Natürlich eignen sich diese Übungen auch gut, um im Alltag zwischendurch zur Ruhe zu finden.

Den Yoga-Baum, den zeig ich hier,
damit bin ich ganz bei mir.
(Baum)

Dann kommt auch mein Rücken dran,
jetzt fängt die Entspannung an.
(Katze und Kuh)

Dehnung auch zur Seite hin,
und Balance – das macht schon Sinn!
(Katze – Flankendehnung und Katze – Balance im Wechsel)

Auch die andre Seite kommt noch dran,
sodass jede Seite entspannt sein kann.
(Katze – Flankendehnung und Katze – Balance im Wechsel im Wechsel, Seitenwechsel)

Mit der Schildkröte find ich zur Ruh –
ruckzuck fallen dann meine Augen zu.
(Schildkröte)

Auf dem Spielplatz

Mitmachgedicht

Alter	ab 3 Jahren
Übungen	Überkreuz, Katze und Kuh, Katze – Flankendehnung, Katze – Balance
Das bewirkt's	Hier wird der Rücken gedehnt und entspannt. Die Balance und die Konzentration werden unterstützt.

Auf den Spielplatz geht es heut,
Überkreuz laufen alle Leut.
(Überkreuz)

Auf die Schaukel spring ich auf,
schwing mit meinem Körper runter und rauf.
(Katze und Kuh)

So kommt der Schwung von ganz allein,
und ich werde bald ganz nah am Himmel sein.

Rutschen mag ich auch sehr gern,
(Katze – Balance)
da bleibt Langeweile fern!
(Katze – Flankendehnung)

Auf dem Spielplatz hab ich Spaß,
denn zum Spielen find ich hier immer was!

Zu Beginn und zwischendrin

Mitmachgedicht

Alter	ab 3 Jahren
Übungen	Katze und Kuh, Nackenrolle, Synchronzeichnen, Ohren auffalten, liegende Acht
Das bewirkt's	Mit diesen Übungen werden die linke und die rechte Gehirnhälfte miteinander verknüpft, das Hörverstehen und die Sprachverarbeitung werden gefördert und die Aufmerksamkeit und die Konzentration unterstützt. Außerdem werden die Nackenmuskeln entspannt.

Wer viel malt oder sich auf eine andere Sache gut konzentrieren will, braucht eines ganz sicher: Entspannung. Diese beiden Mitmachgedichte erleichtern den Einstieg in die Konzentration und sorgen zwischendrin für Entspannung.

Entspannung zu Beginn

Bevor ich starte mit der Arbeit auf dem Papier,
beweg ich meinen Nacken hier.
(Nackenrolle)

Die Ohren sind wichtig – das weiß ich schon,
entspannt massiert hören wir jeden Ton.
(Ohren auffalten)

Achten mal ich gern und viel,
Entspannung und Konzentration ist mein Ziel.
(liegende Acht)

Jetzt möchte ich noch meine Hände lockern und entspannen,
dann kann ich malen, schreiben, rechnen –
alles zusammen.
(Synchronzeichnen)

Entpannung zwischendrin

Ganz fleißig waren wir schon unterwegs,
doch grad geht mir das Lernen auf den Keks.

Mein Rücken braucht ne Pause auch,
die Katze macht den Rücken rund, die Kuh hängt runter mit dem Bauch.
(Katze und Kuh)

Mein Nacken ziept und zwickt ganz schön,
mit der Nackenrolle wird's bald wieder gehn.
(Nackenrolle)

Meine Hände mach ich dann noch entspannt,
dann gehen die nächsten Übungen wieder locker von der Hand.
(Synchronzeichnen)

Kerzenschein

Mitmachgedicht

Alter	ab 3 Jahren
Übungen	Held, Baum, Tänzer
Das bewirkt's	Diese Übungsfolge kräftigt die Beinmuskulatur und unterstützt die Balance und die Konzentration.

Kerzenschein in der dunklen Jahreszeit ist etwas, was Schildi Schildkröte liebt. Deshalb hat sie ein kleines Mitmachgedicht rund um die Kerze mitgebracht.

In der kalten Winterzeit,
macht sich früh die Dunkelheit breit.
(stehen)

Da freu ich mich auf Kerzenschein
und hol mir die Kerze ins Zimmer rein.
(Held)

Jetzt stell ich die Kerze vor mich hin
und freu mich, dass ich hier bin.
(Baum)

Die Flamme flackert fröhlich hin und her,
sie erfüllt den Raum – mehr und mehr.
(Tänzer, auf beiden Seiten)

Dann findet die Flamme wieder zur Ruh,
glücklich schau ich ihr dabei zu.
(Baum, Seitenwechsel)

Detektiv spielen

Mitmachgedicht

Alter	ab 3 Jahren
Übungen	Überkreuz, Anschaltpunkt, liegende Acht, Ohren auffalten, Synchronzeichnen
Das bewirkt's	Mit diesen Übungen werden die linke und die rechte Gehirnhälfte miteinander verknüpft, das Hörverstehen gefördert und die Aufmerksamkeit und die Konzentration unterstützt.

Schildi Schildkröte liebt es, Detektivin zu spielen, und freut sich immer, wenn sie Fehler aufdecken kann oder ein Geheimnis lüftet.

Neugierig bin ich, das ist doch klar,
und wer neugierig ist, findet Lernen wunderbar!
(stehen)

Ich geh gerne an einen neuen Ort,
und schaue: Was gibt es Neues dort?
(Überkreuz)

Auch hör ich überall genau hin,
denn nur so macht alles wirklich Sinn!
(Ohren auffalten)

Als Detektivin weiß ich längst genau,
mein Gehirn ist wirklich schlau!
(Anschaltpunkt)

Konzentriert geh ich an jeden Fall,
und bleib auch längere Zeit am Ball.
(liegende Acht)

Als Detektivin finde ich
jeden Fehler im Nu,
und mit meinen Übungen
kannst das auch du!
(Synchronzeichnen)

Schlaraffenland-Insel-Hopser

Mitmachgedicht

Alter	ab 3 Jahren
Übungen	Baum, Tänzer, Stuhl
Das bewirkt's	Diese Übungen tragen zu mehr Konzentration und Balance bei und stärken dabei noch die Beinmuskulatur.

Ich bin gern zu Hause – das ist mein
besonderer Ort,
doch manchmal, da zieht es mich
auch fort!
(Baum)

Dann pack ich meine Sachen
und mach alles klar –
diese Reise, die wird wunderbar!
(Stuhl)

Die erste Insel, die ich bereis,
besteht aus Schokolade und Vanilleeis!
(Tänzer)

Das lass ich mir alles schmecken,
und mach mich wieder auf den Weg,
Neues zu entdecken.
(Stuhl)

Die zweite Insel bietet noch mehr,
hier kommen Schweinebraten
und Spätzle her.
(Tänzer)

Mein Bauch, der ist schon richtig voll,
doch die nächste Insel ist auch ganz toll.
(Stuhl)

Hier gibt es Obst und Gemüse
noch und noch,
da freuen sich die Eltern doch!
(Tänzer)

Und nach der gesunden Gemüseinsel
folgt, na klar,
die Kaugummi-Insel mit Bonbontatar!
(Stuhl)

Dann komm ich irgendwann wieder
nach Haus,
und mein Mund sieht nach
Schlaraffenland aus.
(Baum)

Gleich und gleich gesellt sich gern

Mitmachgedicht

Alter	ab 3 Jahren
Übungen	Baum, Stuhl, Synchronzeichnen, Hand und Faust
Das bewirkt's	Die Konzentration und Balance werden gefördert, die beiden Gehirnhälften miteinander verknüpft und die Handgelenke gelockert. Außerdem werden die Beinmuskeln gestärkt.

Bei diesem Mitmachgedicht ist genaues Hinschauen angesagt: Machen Sie die Übungen vor – die Kinder machen diese nach. Wer braucht vielleicht noch Hilfestellung? Das Gedicht eignet sich vor allem, um die Übungen einzuführen.

Für den Baum, schaut nur kurz her,
muss ganz schnell das rechte Bein her!
(Baum)

Den Stuhl, den machen alle gleich,
ist der für euch Profis vielleicht zu leicht?
(Stuhl)

Jetzt fangen wir mit der linken Hand vorne an,
doch wann ist dann der Wechsel dran?
(Hand und Faust)

Lockern wollen wir nun noch die Hände,
malen alle das gleiche Bild in die Luft am Ende?
(Synchronzeichnen)

Kleine Kreatividee: Paare finden

Material: Kopiervorlage 7, Stifte

Jedes Kind erhält eine Kopie der Vorlage sowie einen Stift und schaut sich die Bilder genau an – Welche Paare gehören zusammen? Diese werden dann verbunden und ausgemalt.

Blätter im Wind

Mitmachgedicht

Alter	ab 3 Jahren
Übungen	Baum, Stuhl, Tänzer, Schildkröte (aus Sonnengruß)
Das bewirkt's	Die Konzentration und die Balance werden gefördert. Die Beinmuskulatur wird gestärkt. Zum Schluss wird noch der Rücken entspannt.

Mit den Stiefeln und ner Mütze
spring ich gern in jede Pfütze.
(Stuhl)

Schau mir gern die Bäume an und staune
über gelbe, rote Blätter und auch braune.
(Baum)

Ein Windlein pustet leicht an einem Blatt,
sanft gleitet dieses dann herab.
(Tänzer)

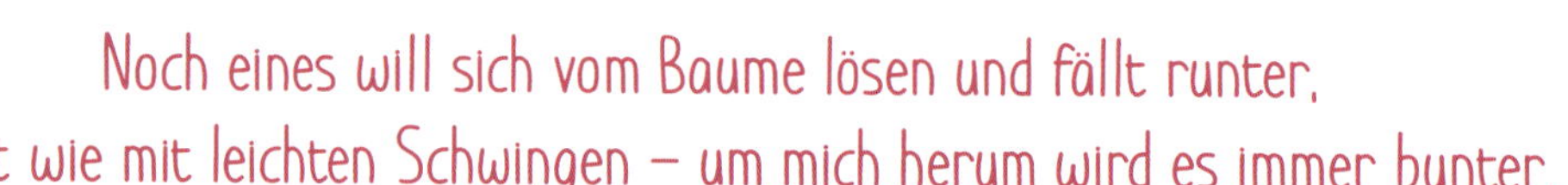

Noch eines will sich vom Baume lösen und fällt runter,
gleitet wie mit leichten Schwingen – um mich herum wird es immer bunter.
(Tänzer, Seitenwechsel)

Fröhlich tanz ich mit den Blättern um den Baum,
freue mich über jede Farbe, Gelb, Rot und auch Braun.
(Schildkröte)

Mensch, wie war das noch?

Mitmachgedicht

Alter	ab 3 Jahren
Übungen	Anschaltpunkt, liegende Acht, Nackenrolle, Überkreuz
Das bewirkt's	Mit diesen Übungen werden die beiden Gehirnhälften miteinander verknüpft, der Gedankenstrom wird beruhigt, das Sprachverständnis unterstützt und die Nackenmuskulatur entspannt.

Kennt ihr das auch? Da hat man gerade an etwas gedacht und trotzdem fällt einem nicht mehr ein, an was – Schildi hat eine Übungsfolge, mit der ist ihr bisher immer wieder eingefallen, was sie vergessen hat.

Grad wusste ich noch, was ich sagen wollte, doch – oh Schreck! –
ist meine gute Idee einfach weg!
(stehen)

Da muss ich erst mal überlegen,
ein neuer Gedanke wäre ein Segen!
(Anschaltpunkt)

Doch so schnell fällt mir nix ein,
ich frag mich nur: Wie kann das sein?
(Nackenrolle)

Da, jetzt merk ich, tut sich was,
sortier meine Gedanken, na, da ist ja was!
(liegende Acht)

Jetzt fällt mir wieder alles ein –
ja, mit meinen Übungen kann das gut sein!
(Überkreuz)

Bim, bam, bum, Schildi lauf herum

Mitmachlied

Alter	ab 3 Jahren
Übungen	Überkreuz, Ohren auffalten, Baum, Tänzer, Katze und Kuh, liegende Acht
Das bewirkt's	Mit diesem Mitmachlied werden die beiden Gehirnhälften miteinander verknüpft. Außerdem werden die Konzentration sowie die Balance geschult.

1. Bim, bam, bum, Schildi lauf herum.
(Überkreuz)
Auf einem Bein – so geht der Baum,
ist ganz leicht, fast wie im Traum.
(Baum)
Bim, bam, bum, Schildi lauf herum.

2. Bim, bam, bum, Schildi lauf herum.
(Überkreuz)
Ohren Massieren ist der Hit,
laut und leise krieg ich mit.
(Ohren auffalten)
Bim, bam, bum, Schildi lauf herum.

3. Bim, bam, bum, Schildi lauf herum.
(Überkreuz)
Wie ein Tänzer – gib gut acht,
ist's mit einem Bein vollbracht.
(Tänzer)
Bim, bam, bum, Schildi lauf herum.

4. Bim, bam, bum, Schildi lauf herum.
(Überkreuz)
Mit der Katze und der Kuh
findet der Rücken Entspannung im Nu.
(Katze und Kuh)
Bim, bam, bum, Schildi lauf herum.

5. Bim, bam, bum, Schildi lauf herum.
(Überkreuz)
Und die Acht, die liegt bei mir,
ruhige Gedanken find ich hier.
(liegende Acht)
Bim, bam, bum, Schildi lauf herum.

(Melodie: Summ, summ, summ)

Schildi Schildkröt, tanz mit mir!

Mitmachlied

Alter	ab 3 Jahren
Übungen	Tänzer, Ohren auffalten, liegende Acht
Das bewirkt's	Hier wird die Konzentration geschult, die rechte und die linke Gehirnhälfte miteinander verknüpft und der Gedankenstrom gestoppt.

1. Schildi Schildkröt, tanz mit mir,
beide Hände reich ich dir.
Einmal hin, einmal her,
rundherum – das ist nicht schwer.
(Tanzbewegung)

2. Und die Ohren massier ich gern,
Wörterchaos bleibt da fern.
Einmal hier, einmal da,
besser hören – wunderbar!
(Ohren auffalten)

3. Überkreuz, das fällt mir leicht,
mach ich gerne bis es reicht.
Kreuz ich hier, kreuz ich da,
besser denken – wunderbar!
(Überkreuz)

4. Auf einem Bein, da steh ich gut,
kann ich schon und hab den Mut!
Steh ich hier, steh ich da,
konzentriert – wie wunderbar!
(Tänzer)

5. Meine Arme fliegen dahin,
jetzt macht alles wieder Sinn!
Kreis ich hier, kreis ich da,
denken kann ich wunderbar!
(liegende Acht)

(Melodie: Brüderchen, komm tanz mit mir)

Zu Besuch im Aquarium

Mitmachgeschichte

Alter	ab 3 Jahren
Übungen	Überkreuz, Hand und Faust, liegende Acht, Arme brezeln
Das bewirkt's	Mit dieser Mitmachgeschichte werden die beiden Gehirnhälften miteinander verknüpft. Außerdem werden die Gedanken beruhigt – dadurch wird die Konzentration gefördert.

Schildi Schildkröte möchte heute einen Ausflug mit uns machen und nimmt uns mit in den Zoo, in dem es auch ein riesiges Aquarium gibt. Gemeinsam laufen wir los *(Überkreuz)*.

Schildi Schildkröte bezahlt für uns alle am Eingang und führt uns in eine Höhle. Dort sind lauter Aquarien – große und kleine mit bunten Fischen, kleinen Fischen und ganz großen. Manche Fische schwimmen in Schwärmen umher *(liegende Acht)*.

Andere Fische verstecken sich hinter Steinen oder Felsen, tauchen schnell auf und verschwinden dann wieder *(Hand und Faust)*.

Und manche Fische jagen anderen Fischen hinterher und versuchen, sie zu fangen *(Arme brezeln)*.

Ganz fasziniert schauen wir dem bunten Treiben zu und staunen über die vielen Farben, Formen und Größen.

Bald wird es Zeit, wieder nach Hause zu gehen, und so machen wir uns auf den Weg *(Überkreuz)*. Doch Schildi verspricht uns, dass sie uns bald wieder mitnehmen wird zu einem neuen Ausflug.

Kleine Kreatividee: Fische-Mandala

Material: Kopiervorlage 5 für jedes Kind, Farben

Jedes Kind bekommt ein Fische-Mandala zum Ausmalen und Entspannen. Werden dabei Wasserfarben genutzt, kann dadurch noch ein besonderer Anreiz geschaffen werden.

Ich bau mir ein Haus!

Mitmachgeschichte

Alter	ab 3 Jahren
Übungen	Schildkröte (aus Sonnengruß), Katze und Kuh, Katze – Flankendehnung, Katze – Balance, Tänzer
Das bewirkt's	Diese Mitmachgeschichte hilft dabei, den Rücken zu entspannen und die Beinmuskulatur und das Gleichgewicht zu schulen. Außerdem wird die Konzentration gefördert.

Schildi Schildkröte baut so gern – sie möchte mit euch ein kleines Haus bauen!

Gemeinsam laufen wir auf ein großes Feld. Weit und breit ist noch nichts zu sehen *(Hand an die Stirn halten und umschauen)*. Hier, an diesem ruhigen Plätzchen, möchte Schildi Schildkröte gern ein kleines Haus bauen.

Zuerst buddelt sie ein Loch *(mit den Händen graben)*.

Dann setzt sie den ersten Stein hinein *(Schildkröte)*.

Doch mit einem Stein allein wird das natürlich noch nichts. Es müssen noch viele Steine aufeinandergestapelt werden *(Katze und Kuh im Wechsel)*.

Reihe für Reihe werden die Steine aufeinandergestapelt. Und auch ein Fenster soll unser Häuslein haben *(Katze – Flankendehnung, dann in Katze – Balance wechseln)*.

Jetzt kommt noch ein Dach darauf *(immer zwei Kinder reichen sich die Hand in der Haltung des Tänzers und bilden so ein Dach)*.

In diesem Haus, da will ich sein,
hier passt ganz viel Entspannung rein!

Blumengeschichten

Mitmachgeschichte

Alter	ab 3 Jahren
Übungen	Überkreuz, Ohren auffalten, Katze – Balance, Katze – Flankendehnung, Baum, Tänzer
Das bewirkt's	Mit dieser Mitmachgeschichte werden die beiden Gehirnhälften miteinander verknüpft. Außerdem werden die Konzentration sowie die Balance geschult.

Heute nimmt uns Schildi Schildkröte mit in den Garten. Wir gehen aus dem Haus *(Überkreuz)* und atmen die frische Luft ein. Die Sonne scheint uns warm ins Gesicht und wir erfreuen uns an dem schönen Tag. Schildi führt uns zielstrebig zu einer Gruppe großer rosa Blumen und erklärt uns, dass das der Rote Sonnenhut ist. Und wenn wir ganz leise sind, dann können wir hören, wie uns die Blumen etwas erzählen.

Wir falten die Ohren auf, um besser hören zu können, denn die Blumen erzählen sehr leise und mit sanfter Stimme *(Ohren auffalten)*.

Der Rote Sonnenhut erzählt uns von sonnigen Tagen, an denen er seine Blüte der Sonne entgegenstreckt *(Katze – Balance)*. Und er erzählt uns von Regentagen, an denen er am liebsten seine Blüten zumachen würde, damit die Regentropfen noch besser an seine Wurzeln herankommen *(Katze – Flankendehnung)*.

Da hören wir ein leises, aber freches Lachen. Der Löwenzahn möchte uns erzählen, wie gut er es hat. Denn zuerst gehen seine Blüten in gelb auf und bieten Bienen reichlich Nektar *(Katze – Flankendehnung)*. Wenn er dann aber am Verblühen ist, erwacht er gleichzeitig auch zu neuem Leben und darf als Pusteblume die Kinder erfreuen und sich vom Wind über Felder und Wiesen wehen lassen *(Katze – Balance)*.

Die alte Eiche im Garten flüstert uns zu: Auch sie erlebt immerzu Besonderes *(Baum)*. In ihrer Baumkrone hat sich ein Vogelpärchen niedergelassen und fleißig die Eier ausgebrütet. Im Frühjahr, als die kleinen Vögel groß genug waren, sind sie auf und davon geflogen *(Tänzer)*.

Wir staunen über die vielen schönen Blumengeschichten und freuen uns, dass uns Schildi mitgenommen hat.

Zieh dich warm an!

Mitmachgeschichte

Alter	ab 3 Jahren
Übungen	Hand und Faust, Ohren auffalten, Überkreuz
Das bewirkt's	Hier werden die beiden Gehirnhälften miteinander verknüpft sowie das Hörverständnis und die Konzentration gefördert.

Im Winter muss man sich warm anziehen – das ist auch für Schildi Schildkröte sehr wichtig!

Brrr … draußen ist es ganz schön kalt – aber Schildi Schildkröte möchte trotzdem gern hinaus und spazieren gehen. Deshalb zieht sie sich eine warme Hose und warme Schuhe an *(Bewegung ausführen)*.

Und natürlich muss auch eine warme Jacke her *(Hand und Faust)*.

Bei diesem Wetter braucht sie auch noch etwas für die Ohren – am besten Ohrenschützer, die mag Schildi am allermeisten *(Ohren auffalten)*.

Handschuhe nicht vergessen *(Hand und Faust)* und schon kann es losgehen!
Schildi Schildkröte genießt den Spaziergang an der frischen Luft *(Überkreuz)*.

Am See

Mitmachgeschichte

Alter	ab 3 Jahren
Übungen	Überkreuz, Held, Arme brezeln
Das bewirkt's	Durch die Überkreuzbewegungen wird die linke mit der rechten Gehirnhälfte verknüpft und das Denken fällt leichter. Mithilfe der Helden-Haltung werden außerdem die Beinmuskeln gekräftigt und das Selbstbewusstsein wird gestärkt.

Schildi Schildkröte geht gern an den See zum Baden. Dazu hat sie einen Rucksack mit Handtuch, Sonnencreme und Badeanzug eingepackt.

Vom Parkplatz aus läuft Schildi Schildkröte einen mit Gras bewachsenen Weg entlang zum See *(Überkreuz)*. Sie sucht sich ein schönes Plätzchen im Schatten aus und breitet dort ihr Handtuch aus.

Dann zieht sie sich ihre Badesachen an *(Bewegung ausführen)* und holt die Sonnencreme heraus. Damit cremt sie sich gut ein *(Arme brezeln)*.

Nachdem die Creme gut eingezogen ist, läuft Schildi Schildkröte zum Wasser. *Brr, ist das kalt!* Aber trotzdem freut sie sich, dort zu sein, und steckt erst einmal einen Zeh ins Wasser, dann taucht sie ein und schwimmt eine Runde *(Held mit Seitenwechsel)*.

Nach ihrem Badegang trocknet sie sich ab *(Arme brezeln)* und legt sich dann auf das Handtuch.

Ganz entspannt lässt sie sich die Sonne auf den Bauch scheinen und genießt den schönen Tag *(hinlegen, die Hände auf den Bauch legen und mehrere Male tief ein- und ausatmen)*.

Das kleine Rotkehlchen baut ein Nest

Mitmachgeschichte

Alter	ab 3 Jahren
Übungen	Katze und Kuh, Baum, Tänzer
Das bewirkt's	Diese Mitmachgeschichte entspannt den Rücken, kräftigt die Beine und fördert die Balance und die Konzentration.

Im Garten ist heute wieder einiges los. Überall zwitschert es und fröhliche Vögel fliegen umher. Schildi Schildkröte fühlt sich wohl, wenn es im Garten so lebendig zugeht.

Vor ihr fliegt ein kleines Rotkehlchen munter hin und her *(Tänzer)*. Er fliegt links und rechts und kreuz und quer *(Tänzer, Seitenwechsel)*.

Dann landet das kleine Rotkehlchen und pickt ganz ausgelassen auf der Erde *(Katze und Kuh)*. Es hüpft mal hier hin und mal da hin und wirkt dabei fast suchend.

Endlich hat das Rotkehlchen gefunden, was er gesucht hat: Ein bisschen Moos klemmt in seinem Schnabel. Fröhlich erhebt er sich in die Lüfte und landet auf einem großen Baum *(Baum)*.

Für Schildi Schildkröte sieht es so aus, als würde der kleine Vogel ganz emsig arbeiten – und tatsächlich: Dort oben entsteht ein kleines Nest.

Das Vöglein weiß genau, wie es geht –
wie ganz schnell ein Nest entsteht.
Ein Platz für Entspannung, Ruhe und Schutz
entsteht dort, egal ob Mensch ob Tier –
jeder braucht so einen Ort.

Im Schnee ist vieles leiser!

Mitmachgeschichte

Alter	ab 3 Jahren
Übungen	Überkreuz, Ohren auffalten, liegende Acht, Baum
Das bewirkt's	Mit dieser Mitmachgeschichte werden die linke und die rechte Gehirnhälfte verknüpft, die Konzentration wird gefördert und der Gedankenstrom gestoppt. Außerdem wird das Hörverständnis verbessert.

Wenn Schildi Schildkröte im Winter durch den Schnee stapft, ist ihr aufgefallen, dass dann alles viel leiser und gedämpfter klingt. Macht einfach mit!

Schildi Schildkröte hat heute Morgen durch das Fenster geschaut und nicht schlecht gestaunt: Draußen liegen Berge von Schnee! Deshalb zieht sie sich erst einmal einen dicken Mantel an *(Bewegung ausführen)*, einen Schal *(Bewegung ausführen)* und setzt eine Mütze auf *(Bewegung ausführen)*. Dann schlüpft Schildi Schildkröte in ihre gemütlichen Winterstiefel *(Bewegung ausführen)* und läuft los *(Überkreuz)*.

Aber weil so viel Schnee liegt, kommt sie nur gaaanz langsam voran *(Überkreuzbewegung sehr langsam ausführen)*.

Ganz vorsichtig läuft Schildi über den Gehweg und kann beobachten, dass die Autos besonders langsam fahren. Manchmal kommen sie etwas ins Schlingern, da es heute auch ein bisschen rutschig ist *(liegende Acht)*. Aber weil auf der Straße schon etwas Salz gestreut ist, fangen sie sich schnell wieder!

Und auch die Autos kommen Schildi Schildkröte heute viel leiser vor – sie muss schon ganz genau hinhören, wenn sie die Autos vorbeifahren hören möchte *(Ohren auffalten)*.

Jetzt kommt Schildi Schildkröte zum Rathaus der Stadt und staunt nicht schlecht: Dort steht schon der Weihnachtsbaum mit all seinen Lichtern und lässt die winterliche Stadt in ihrem schönsten Glanz erstrahlen *(Baum)*!

Schildi freut sich darüber sehr und erzählt zu Hause gleich von dem tollen Baum!

Kopiervorlagen

Schnittmuster für Schildi Schildkröte

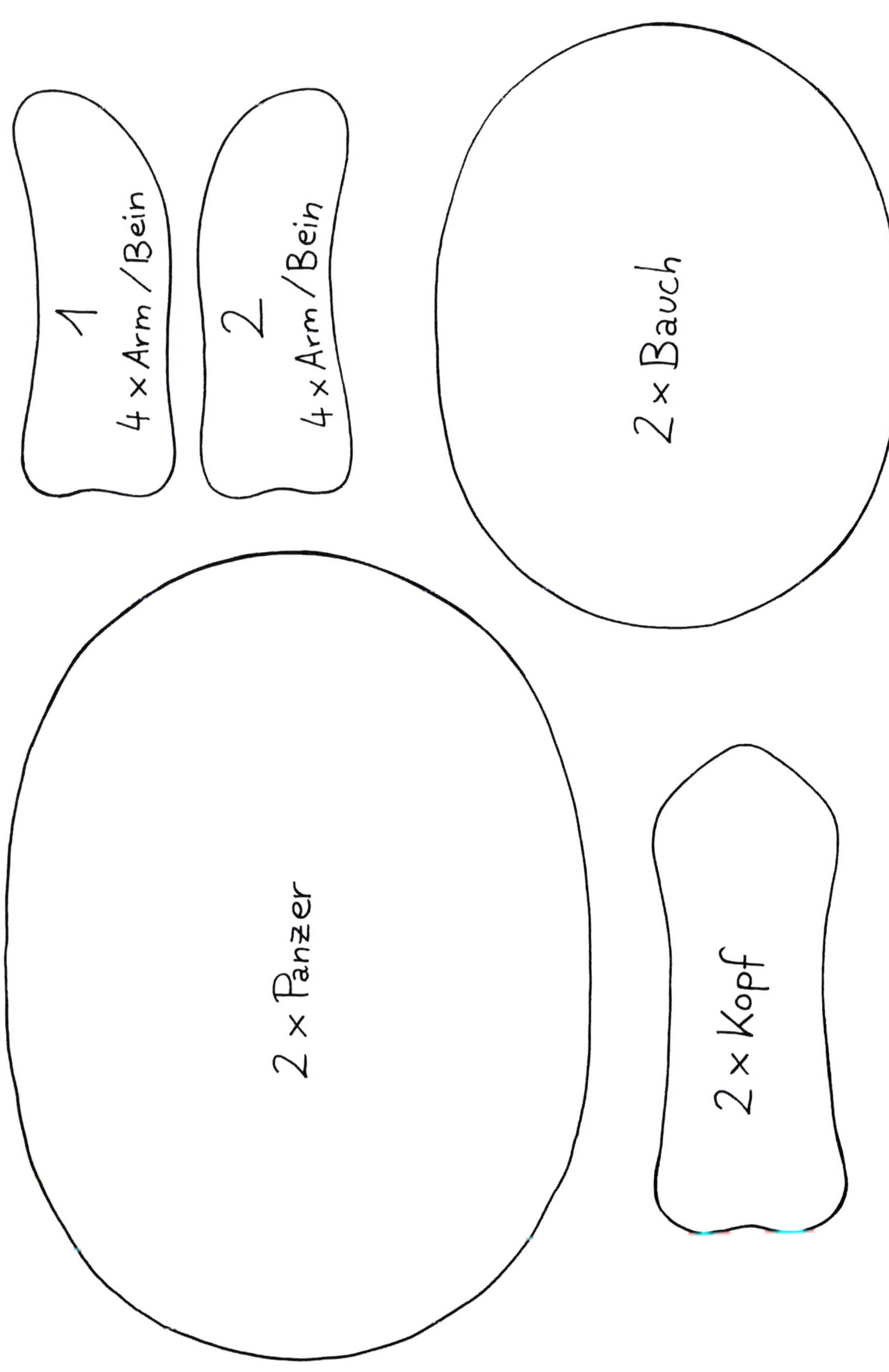

Nähanleitung Schildi Schildkröte

Material

Verschiedene Stoffreste (Panzer: 2 × 16 cm × 20 cm, Bauch: 2 × 14 cm × 16 cm, Kopf: 2 × 14 cm × 8 cm, Arme/Beine: 8 × 7 cm × 12 cm), Nadel/Nähmaschine, Kreide, Stecknadeln, Schere, Nähgarn, Füllmaterial, Wackelaugen oder wasserfester Stift

Schneiden Sie die Einzelteile der Kopiervorlage mit Nahtzugabe (ca. 1 cm) aus, übertragen Sie diese auf den Stoff und schneiden Sie die einzelnen Teile zu.

Legen Sie die beiden Teile für den Kopf rechts auf rechts und nähen Sie sie zusammen. Nehmen Sie für jeden Arm bzw. jedes Bein je ein Schnittteil Arm/Bein 1 und Arm/Bein 2. Legen Sie die beiden Teile ebenfalls rechts auf rechts und nähen Sie sie zusammen. Wiederholen Sie diesen Vorgang noch bei den anderen drei Armen/Beinen.
Lassen Sie sowohl bei den Armen/Beinen als auch beim Kopf unten eine Öffnung zum Wenden. Füllen Sie nach dem Wenden alles mit etwa 2/3 Füllmaterial.

Nähen Sie die beiden Teile für den Bauch rechts auf rechts zusammen. Lassen Sie eine kleine Wendeöffnung. Nach dem Wenden stopfen Sie den Bauch leicht aus. Sie können die Öffnung entweder von Hand mit ein paar Stichen schließen oder Sie warten bis die Arme und der Kopf festgesteckt sind und steppen dann alles einmal rundherum ab.

Stecken Sie die Arme/Beine und den Kopf sternförmig am Bauch fest. Legen Sie das Ganze mittig auf die Panzerunterseite, sodass die Enden der Gliedmaßen zwischen Bauch und Panzer versteckt sind und stecken Sie sie fest. Achten Sie darauf, dass die bedruckte Seite des Panzers dabei zu sehen ist. Steppen Sie alles einmal rundherum ab.

Klappen Sie den Kopf und die Arme/Beine nach innen. Legen Sie die Panzeroberseite mit der rechten Seite nach unten auf die Schildkröte und stecken Sie sie fest. Lassen Sie hier beim Nähen eine etwas größere Wendeöffnung.
Stopfen Sie, nach dem Wenden, den Panzer aus. Auch hier können Sie die Öffnung entweder von Hand mit ein paar Stichen schließen oder Sie steppen alles einmal rundherum ab.
Dann noch die Augen aufmalen – fertig!

Tipps

Als Füllung eignen sich – neben der klassischen Füllwatte – auch Kirschkerne (um warm gemacht zu werden) oder Lavendel (zum Entspannen und besseren Einschlafen).
Setzen Sie die Panzeroberseite aus verschiedenen Stoffen zusammen. Das gibt eine interessante Optik.
Achten Sie auf ein sauberes Umnähen, damit die Nähte nicht aufgehen!

Zahlen verbinden (leicht)

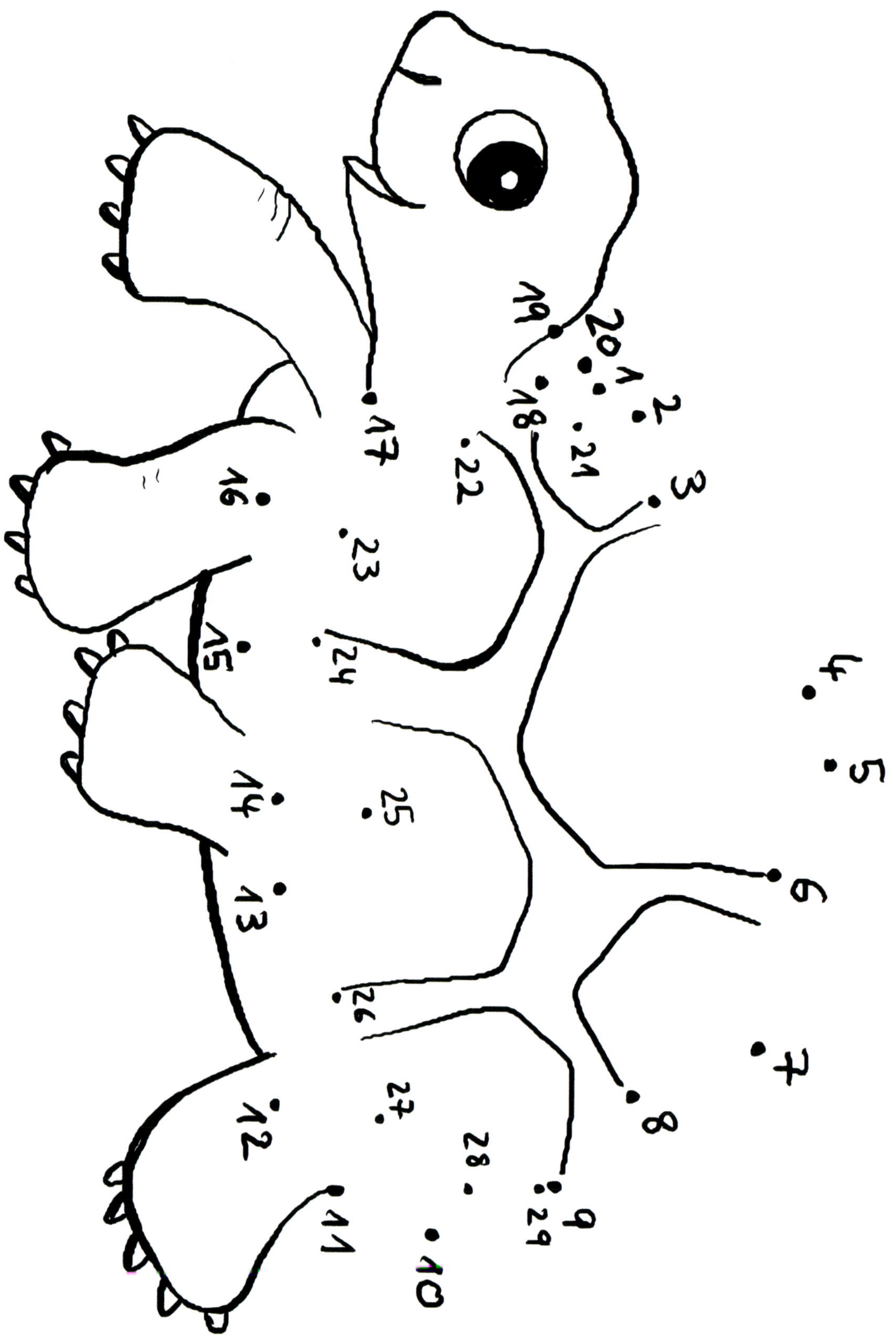

Zahlen verbinden (fortgeschritten)

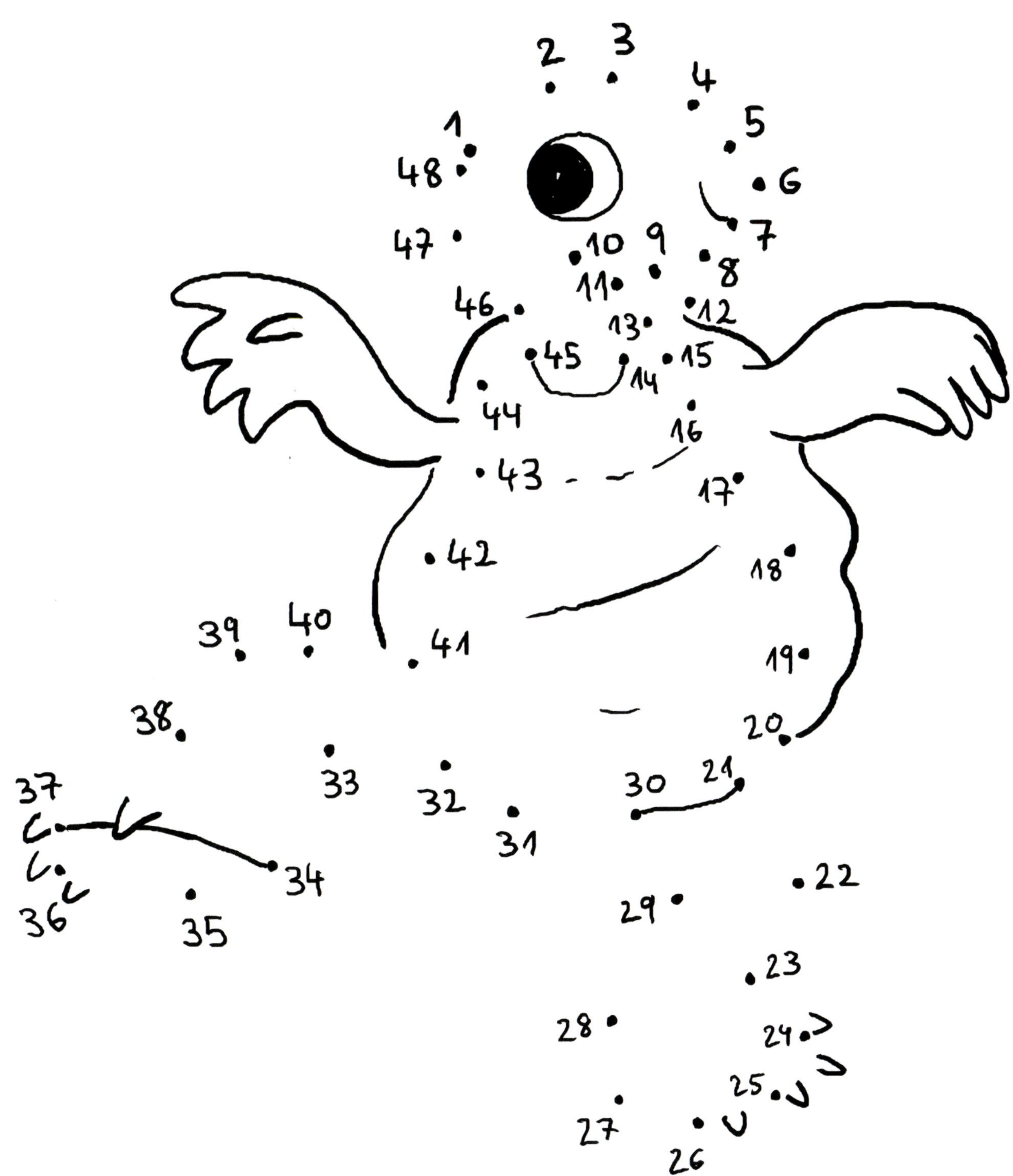

Fische-Mandala

Unser Sonnensystem

Paare finden

Über die Autorin

Claudia Hohloch, geboren 1981 in Schwäbisch Hall, ist verheiratet und lebt mit ihrem Mann und ihren beiden Töchtern in Gaildorf in Baden-Württemberg. Seit 2013 ist sie als Entspannungstrainerin, Aerial Yoga Trainerin und integrative Lerntherapeutin tätig und bietet Kurse für Kinder, Jugendliche und Erwachsene in allen Lebenslagen an. Sie arbeitet in ihren eigenen Räumlichkeiten, aber auch in Volkshochschulen, Kindergärten und Grundschulen sowie in verschiedenen Vereinen. Ihr Ziel ist es, ihre großen und kleinen TeilnehmerInnen mit Elementen aus Yoga, Kinesiologie und Qigong für ihre innere Stärken zu sensibilisieren und durch kleine Entspannungsinseln im Alltag für mehr Ausgeglichenheit zu sorgen.

Mit besonderem Dank an:

Lana & Zoé und
das ganze Team von Schildi Schildkröte!

In dieser Reihe sind bereits erschienen:

Schildi Schildkröte macht stark
Die besten Übungen aus Yoga und Kinesiologie für mehr innere Stärke
ISBN: 978-3-96046-101-2

Schildi Schildkröte erzählt gern
Die besten Übungen aus Yoga und Kinesiologie für die Sprachförderung
ISBN: 978-3-96046-102-9

Schildi Schildkröte entspannt sich
Die besten Übungen aus Yoga und Kinesiologie
ISBN: 978-3-96046-118-0

Bildkartenset

Schildi Schildkröte macht Kinesiologie
Die besten Kinesiologie-Karten für die Kita
ISBN: 978-3-96046-141-8